이제야 보이는 것들

# 이제야
# 보이는것들

김수민 시집

도서출판 두손컴

## 시인의 말

늘 그렇듯이
글을 쓴다는 것은 자신을 돌아보는 계기가 아닐까 생각합니다.
2024년 여름, 40도를 오르내리는 무더위를
프랑스 파리올림픽 금메달소식이 시원하게 식혀 줄 때
금메달 같은 글을 쓸 수는 없을까하는
염원의 꿈을 꾸었습니다.
이어서 소설가 한강 씨의 노벨문학상 수상이
국위선양에 부와 명예 그리고 세종대왕의 업적까지
동시에 대한민국의 빛이 되어 전 세계인들을 열광시켰습니다.
삶 그리고 문학의 힘, 그 소중함을 새삼 우러러
문학인의 자긍심으로 심도 깊게 창작에 임해야겠다는
생각을 해 봅니다.
조석으로 급변하는 계절에 건강과 행운을 빕니다.

2024년 12월
김 수 민

# 이제야 보이는 것들

| 차례

시인의 말

## 1부
## 마음 그리고 생각

어머님전상서 · 13

마음 그리고 생각 · 14

꿈이었네 · 15

이태원 · 16

이태원 · 17

창작, 영원한 나그네길 · 18

지갑 속의 하루 · 19

2022년 11월 4일 · 20

사월의 도시 · 21

사랑할 수밖에 · 22

나이 · 23

보름달 · 24

오물 가득 찬 항아리 · 25

AI에게 묻는다 · 26

고해성사 · 27

2부
## 향기의 노크

명시의 만남 · 31

음식과 오물 · 32

향기의 노크 · 33

양심 파는 사람 · 34

2023년 입춘과 태풍 카눈 · 35

부산의 노래 · 36

아버지의 말씀 · 37

세상은 보물창고 · 38

삶은 창조의 의무 · 39

어리석은 도둑 · 40

눈雪 · 41

2023년의 입춘 · 42

해탈은 멀어 · 43

바람꽃 · 44

꿈이랍니다 · 45

3부
# 이름 모를 꽃

이별 중의 이별 · 49

전쟁 · 50

내 안의 스승 · 51

게시판의 명령 · 52

2024년, 지각한 벚꽃 · 53

이름을 불러다오 · 54

어머니의 유언 · 56

풍난의 겨우살이 · 57

난민 곁에 한국 밥 차 · 58

마음의 문 · 59

조선왕조 오백 년 · 60

해운대 청사포 · 61

이름 모를 꽃 · 62

동리목월문학관에서 · 63

동해바다 삼척을 누비며 · 64

2019년 태풍 텐빈 · 66

4부
# 마음 밭에

영축산 정상 부처님 · 69

모지포를 아시나요 · 70

비슬산 · 71

비슬산 빈석조 · 72

조선왕조 그들은 · 73

꽃비의 시집 · 74

깊은 산 시촌 미니 연못 · 75

통일을 생각하며 · 76

흥망성쇠興亡盛衰 · 77

산다는 것은 · 78

왜곡된 진실 · 79

하늘 아래 다른 것은 없다 · 80

미국 베네치아 호텔 밤거리 · 81

얼마나 썩었길래 · 82

마음 밭에 · 84

산책길 · 85

## 5부
# 이제야 보이는 것들

5·18 친구여 · 89
가을과 인생 · 90
고산 윤선도와 보길도 · 91
고산 윤선도의 새 연지 · 92
몽돌 위를 거닐며 · 93
예식장에서 · 94
항구 없는 인생 항로 · 96
버려진 화분 속에서 · 97
백두산 천지를 오르며 · 98
살아가는 놀이터 · 99
꿈속에 어머니 · 100
한 줌 흙이 되어 · 102
인구감소 · 103
장마 · 104
이제야 보이는 것들 · 105

**작품 해설**
원숙한 시인의 세상 바라보기 _ 변종환 · 108

1부
# 마음
그리고
# 생각

# 어머님전상서

편지를 씁니다
잘 못했다고 쓰고
보고 싶다고 씁니다

이미 용서해 주신 어머님께
용서보다 더 큰 것을 달라고
칭얼대며 씁니다

때도 시도 없이 쓰고
장소 불문하고 보낸 편지
수취 거절로 돌아와
가슴속에 쌓인 편지

가슴이 이렇게 깊고 넓은 줄
이제야 알았습니다
아무리 뉘우쳐도
과거는 사필귀정만 있고
용서는 모르나 봅니다

어머니 가을이 춥습니다
그곳 어머님 나라가 궁금합니다

# 마음 그리고 생각

마음
문 열어 놓으면
와르르 무너져
바닷물 넘칠까 두렵고

생각
우주를 넘나드는 그 넓은 곳에
숟가락 하나 드나드는 문

그 문 하나를 지키기 위해
평생을 배우다 돌아갑니다.

## 꿈이었네

나조차 나를 속이는 세상

그것이 무엇인지

알고 싶지 않아도

낙엽 밟으며 듣는다

바스락

인생은 꿈이었다고

## 이태원   - 주인 잃은 신발

그날의 고통
짓밟힌 흔적들 지우지 못한 채
주인을 기다리고 있다

들리는가,
일어나 함께 가자고
오열한다

아직 따스한 온기 위로
파란 하늘이 잠시 멈추었다
떠난다

# 이태원 - 골목길

물길이더냐
산길이더냐
인파의 숲에 길은 없었다

역병으로 갈 곳 없는 청춘들
골목길조차 내주지 않았다

158명의 꿈 많은 청춘들
길 잃은 길 위에

푸른 꿈만 뒹굴고 있구나

## 창작, 영원한 나그네길

시를 쓴다
고뇌의 씨앗을 뿌린다

무질서한 고혹들이
미완성의 마성에 이끌려 나간다

그 이름 창작
영원한 나그네길

오, 어둠 속의 무지개
아름다운 고독이여

## 지갑 속의 하루

하루를 다 썼다
스물네 시간을 다시 채워 주신다

오늘은 어디에 어떻게 쓸까

다 쓸까
아껴 쓸까

푸른 자유까지
덤으로 주셨다

그러나 조건 하나
오늘과 똑같은 내일은 없다

# 2022년 11월 4일  - 월드컵 축구경기

둥근 지구 축구
그것은 행위예술

발끝에서 굴러가는
세계인의 보석

언어 넘어 또 하나의 화두 예술

"인생은 짧고 예술은 길다"
거짓은 짧고 진리는 영원한 것

# 사월의 도시

어두운 도시
태양은 애써
뜨겁게 포옹한다
인파의 거리
시름 깊은 도시엔
화려한 구직 구인 광고
꽃보다 화려하다
아파트 숲은 할 일 없이
날마다 솟아오르고
행렬하는 꽃길
사월은 고와서 슬퍼라

# 사랑할 수밖에

창문을 열면
기다리던 태양 활짝 피어
한 아름 안긴다

하 수상한 새들의 언어에
시선 머무는 곳

잿빛 시대
매화꽃 젖니가 유난스럽게 희다

나를 기다리던 태양
내가 기다리던 봄

한 치 어김없는 약속의 땅
어찌 사랑하지 않으랴
어찌 사랑하지 않으리오

# 나이

나이를 먹는다
신의 배달
자꾸 받아먹는다

가장 평등한 먹거리
반환도 거절도 못 하는
무료급식

평생 먹기만 하다가
단 한 번의 배출을 위해
지구를 떠나야 한다

## 보름달

십오일 뜬눈으로 지새우는 달
삶의 충전소
부모님의 등불

깜박깜박 졸면서 속삭이는 별
자장자장 잠재우신 어머님 모습

한없는 뉘우침에 바라보는 밤하늘
무한한 충전소 부모님 나라에서

마음의 안식
가득 받아 옵니다

# 오물 가득 찬 항아리

찻집의 일탈
엽차를 따라 움직이는
사탄의 눈

잔속을 헤엄치는
탁한 디엔에이
찻잔이 먼저 간을 본다

설마
자신을 믿고 설마를 마신다
낭비된 시간 속으로 흘러 들어가는
설마의 외침

잘 채색된 항아리엔
오물만 가득하다고

# AI에게 묻는다

AI, 그대는 부산을 아는가

대한민국 효자동이
관광하기 좋은 나라 아시아 1위
부산을 아는가

AI, 그대여 알고는 있는가

가슴 뛰는 낭만의 도시
신이 내려주신 대한민국
남녘의 뜰 발판 삼아

삼팔선 거슬러 오르던
연어들을 기억하는가

AI, 그대여

이런 부산이
소외되고 있다는
사실을 아는가

# 고해성사

죄는 사람에게
고해성사는 신에게

신이 말한다
돌아가라 가서

귀는 있고 입은 없는
사람을 찾아가라

그리고
신으로 모셔라

2부

# 향기의
# 노크

# 명시의 만남

시 한 수로
마음의 안식처가 되었을 때

나의 시는
자신을 배신한다

시 한 수에 안식을 팔 때
나의 시는
어디론가 깊이 숨어든다

그러나
명시를 먹고
일어나 다시 찾아온다

# 음식과 오물

들어갈 때는 음식
나올 때는 오물

거두어들이는 오장육부 기관들
남의 생명 이것저것

뇌물까지 받아먹고
내 보내는 오물들

들어갈 때는 타인
나오는 것은 자신

## 향기의 노크

향기의 노크에
마음 문 열었더니

낯선 꽃이
활짝 웃고 서 있다

지난해 그 꽃은 왜?

아! 나도
그때의 내가 아닌 것을

달아나는 향기 마음
이제 알겠네

# 양심 파는 사람

양심 어디에
얼마에 팔았소
종교는 또 누구에게 얻었소

법은 빌려 쓰고
인심은 자린고비

냄새나는 그릇에 종교를 담고
기웃대는 양심 팔이

걸어 다니는 그 집에는
말은 없고 소리만 산다

# 2023년 입춘과 태풍 카눈

입춘이 왔다
태풍 카눈에게 결과를 묻는다

남은 시간이 가혹하다

시절의 인연들
혹자는 뿌리로 줄기로 잎으로 열매로

산산이 흩어져 회상하며
다시 한 몸 되는 그날

인연이라 말하겠지

## 부산의 노래

이별 슬픈 부산 정거장

대한민국 한을 담은
이별 특별도시

6.25의 종착역
이별 슬픈 부산 정거장에

한 많은 피난살이
거슬러 오르던 연어들

인생 황혼열차는 지금
어디를 향해 달려가고 있을까

# 아버지의 말씀

입에 들어가는 밥도
씹어서 삼키도록 만들어져 있단다

사람 인(人) 일 사(事)

사람이 할 수 있는 일은 사람에게…
사람이 할 수 없는 일은 하늘이…

어려서 못 알아들을 거라고
늘 하시던 말씀

콩나물시루 물이
뼛속에 스며들었나 봅니다

이제야 그 뜻을 헤아릴 것 같습니다
가을인가 봅니다

# 세상은 보물창고

세상 어디라도 가득 찬 보물
누구에게나 주어진 자유 열쇠

거짓은 밖에서 열리고
진실은 안에서 열고

마음의 열쇠 하나로
모든 문이 열리고

들어서는 순간
욕심이 들어온다

먹다가 먹다가
또 하나의 우주가 되어
우주 속으로 떠난다

## 삶은 창조의 의무

사대육근 속에 바람이 들어
들썩들썩

나의 우주를 들었다 놓았다
축소시키고 분산시키고

집을 잃은 나는
걱정조차 잃어
세속의 걸림이 없다

그러나
걸림 없는 그것이
더 큰 걸림이 되는 것을.

## 어리석은 도둑


지 수 화 풍 남의 집을
탐내는 이여

인색한 입질로
월척을 노리는 이여

도둑의 어리석음을
감사해야 하는

창공의 cctv
씁쓸한 웃음이
세월 멀리 선명하다

## 눈雪  - 대지의 겨울 식량

눈이 내립니다

평화롭게 다가서며
차별 없이 나누어 줍니다

대지의 그릇
준비한 만큼 담아 갑니다

소복소복 하얀 평화

대지의 겨울 식량이
풍년입니다

## 2023년의 입춘

영하의 추위 속에서 입춘이 왔다
한치 어김없이 보내고 맞이하는 약속

꽁꽁 얼어붙은 겨울
속으로 삭히고 흐르며

계절 마디마디 고락의 옹이들
입춘은 또 이렇게 대지를 깨우고
천지를 열어놓고 간다

# 해탈은 멀어

자나 깨나 예습 복습
해탈은 멀어라

희 노 애 락 매 순간이
윤회의 길인 것을

항구 없는 바다에
노 젓는 항해사

눈멀고 귀 먼 채로
여기까지 왔구나

# 바람꽃

바람꽃 피네

새벽길 따라나선 아이처럼

어둑어둑 입춘 길에 망울져 오네

지진 역병 전쟁을 헤치며

신의 향기 아롱아롱

어서 가자 재촉하네

# 꿈이랍니다

인생이 꿈이라면
깨달음은 덫이었네

하늘과 땅 사이
뒤섞이며 살다가

인생 시험에서 벗어나는 날
성적표대로 분리되어 떠나는 길에

화두 하나
흐르는 물이 뒤돌아 볼 소냐

## 3부

# 이름 모를 꽃

# 이별 중의 이별

몸으로 지은 죄
몸과 함께 살아질 때

마음으로 지은 죄
갈 곳 모르는 영혼

호사로웠던 육체
자유로웠던 영혼

그 오랜 인연에
기약 없이 흩어지네

## 전쟁  - 이스라엘과 팔레스타인

이스라엘 에덴의 동산에
전쟁의 불꽃 만개하고

하마스 난민 불꽃 속에 진다

부처님 모시던 자승스님 69세
사찰 화장막 삼아 가시며

종교도 사람이 하는 일이라고
변명이라도 하고 싶었을까

불속에 불이 타고
물속에서 물이 마르니

하느님의 십자가
부처님의 해탈은

어디에서 찾을까

# 내 안의 스승

욕심 많은 죄로

그곳에 태어나

인생 굴곡의 맛을 다 먹고 살아간다

막중 한 업무

참지 않으면 베일 듯

내 안에 뼈 없는 스승

한 치 혀에게서 배운다

## 게시판의 명령  - 막차

버스 타면 십분 이내
발걸음 가볍게 이십분 이내 거리

게시판은 45분을
시퍼렇게 명령한다

겨울 한복판
세찬 추위에 휘청이는 사람들

네온의 불빛 화려한
백화점 앞

막차를 기다리는 사람들 사이로
시간의 초침만이 초조로이

세상사 엇박자를
말해주고 있다

## 2024년, 지각한 벚꽃

묵언 중인 벚꽃
명령이라도 내릴 듯
숨죽여 고요한 거리

총선 의료대란 정부 국민들
팽팽한 대립 상처의 정글을 지나
하얀 사월 향기 속으로 걸어간다

입김에도 데일 듯
여린 꽃망울들
잎을 열지 못한 채 떨고 있다

그들의 세상에도
무슨 일이 있었을까
밤은 차라리 어둠이 아니라네

곧 닥쳐 올
세찬 비바람

## 이름을 불러다오   - 세월호 참사 10주년

한 명 한 명 이름을 불러본다
대답 없는 천사 별들의 이름을

세상 어디에선가
나라를 위해 빛이 되었을
영롱한 별들아

수학여행길 304명
믿음이 수장이 될 줄이야

선장 선원들만 살아 돌아온
그날의 대 참사

숨죽여 소리친다
미안하다 보고 싶다

사월의 꽃들은 초목으로 짙어 가는데
안산고교 2학년
별이 된 애들아

별 나라 안부를 묻는 10주년 오늘
사람으로 태어난 것이
한없이 부끄럽구나

# 어머니의 유언

허황한 마음 채울 길 없어라
언어 넘어 묻힌 무한한 유산들

도란도란 유년의 꿈
보석처럼 숨어 있는 곳
부모님 유언이 첩첩이 감싸도는 그곳

백 년을 훌쩍 넘긴 한옥 집
쓰러져도 팔지만 말라 하시던
어머님 유언 가슴에 묻고

부동산 정책에 따라 팔아야만 했으니
아! 아프다 아프다

허공을 내딛는 가슴앓이
유년의 향수가 사치인가
어머니의 옛 서정이 세금인가

## 풍난의 겨우살이


혹한의 엄동설한
무질서한 시체들 사이로

잉태한 생명 하나 둘
윤회의 사랑 노래가 뜨겁다

무기 앞에서도
꽃은 피어나고

시체 위에서도 하늘하늘
꿈을 피워 낸다

척박한 환경 탓하지 않고
공간 가득 피워 올린 꽃

멀리멀리
희망을 배달 중이다

# 난민 곁에 한국 밥 차

혹한의 엄동설한 폴란드 국경에
대한민국 태극기 태양처럼 뜨고

거대한 가마솥에
뜨겁게 피어오르는 인정

눈물로 답하는 난민들의 얼굴에
우리의 역사가 영혼처럼 지나간다

튼튼한 대지 아름다운 강산에 안기어
인정으로 다져진 민족

그 많은 침략을 가슴에 묻고
사람 사는 세상
대한민국이 만들어 가고 있다

# 마음의 문

안으로 잠긴 마음의 문
들어주고 당겨야 하는
우주법계가 노크해도
굳게 닫힌 문

보고 있어도 듣고 있어도
알 수 없는 깊이
자신조차도 열지 못한 마음의 문

때가 되면 열쇠 없이 열리는
막상 열어보면 후회만 가득
되돌릴 수 없는 세월 문

# 조선왕조 오백 년

가화만사성이라 했던가

궁궐 안 고목은
아직도 푸르른데

오백 년 궁궐 주인
욕심만 푸르렀네

산천은 의구한데
인걸은 간 곳 없다고

조선 오백 년 다 잃은 깨달음
그 또한 꿈이런가

## 해운대 청사포

끝없는 정원
쉼 없이 피어나는 청자 빛 꽃잎

밤에 핀 등대꽃 길 잃을세라
마중 나간 다릿돌

옥구슬 음표 따라
윤슬 같은 목소리

청사포의 바다
영원히 지지 않는 푸른 꽃밭

청사포를 노래하네

## 이름 모를 꽃

고운사
애간장에 피는 꽃

피보다 진한 정
고풍의 자태여

수정 같은 고혹에
천년바위 흔들리네

분 내음 지기 전에
고즈넉이 이별할
아! 너는
무엇의 넋이더냐

## 동리목월문학관에서

문학관 뜨락에 가을은 깊어
시를 읊던 낙엽들은 잠이 들고

사념에 잠긴 가로 등
붉은 단풍만 진실을 말하고 있다

찬 서리에 국화 향 살찌고
빗돌 위 시들이 근심스레 일어난다

탄핵을 외치는 촛불시위
절망의 목소리

외신 기자들의 카메라까지
시를 일깨운다

시여 일어나라
여명의 빛이 어둠을 밝히 듯

목청껏 시대의 진실을 노래하라

# 동해바다 삼척을 누비며

녹음에 들고 꽃물에 들고
태화강변 대숲 십 리 길

아쉬움에 눌러 담고
삼척에 다다르니

연극 속에 수로부인
어서 오라 반기네

이샤브공원 나무사자
청정해변 레일바이크

환상의 레저 동굴
해신당 공원 척추 동해비
황영조 기념비
삼척을 누비네

아름다운 강산아
젊은 하늘아
6월의 산들바람아

우리는 누구를 닮아
가는 곳마다 그 많은 상처를 안고도
이렇게 행복할 수 있단 말이냐

# 2019년 태풍 텐빈

태풍 텐빈이
초가을 후려치고 갔다
발가벗고 떨고 있는 나무들

반쯤 멍이든 사춘기 열매 하나가
인고의 시간을 말해준다

죄목은 무엇이었을까

내 목숨 내줄 테니 하나만이라도 살려달라고
엄마는 또 얼마나 애원했을까

하염없이 내리는 빗줄기
앙상한 초가을 상처 어루만지며
씻어 내리고 있다

4부
# 마음 밭에

# 영축산 정상 부처님


굽이치는 능성에 올라
마음 씻어 허공에 걸고

천안을 바라보네

닿을수록 멀어지는
애간장에 큰 뜻

오를수록 깊어지는
간절한 기도

영축산 부처님 뜻
하늘에 닿겠네

## 모지포를 아시나요 - 부산 서구 암남공원

진정 산기슭 모지포
파도의 전시장

신석기 유적 유산작품
아직도 미완성

부서지고 께지는 인생사
보내고 맞이하는 이별사

기암괴석 장엄한 작품들
선녀의 목욕지엔 해무도 향기롭다

남파랑 길 절경 진달래야
포말 위 술렁이는 사연들아

꽃잎에 화장술인 듯
케이블카 떠나가는구나

# 비슬산

녹음의 바다 염불소리
청량하게 울려 퍼질 때

도통한 바위 스님의 꿈
비슬산 나들이 우주를 돌아오네

첩첩이 접고 접은 산
대문은 활짝 열려

대견사 유기사 사계의 자유
인과의 맺은 인연 불러들일 때

비슬산 한 폭에 안긴 여인
속세일 닦고 닦아
부처님 전에
올리고 싶었으리라

# 비슬산 빈석조

하늘과 지상 유일한 통로
기다림의 빈석조
명시 중의 명시로다

한 생각에 비슬산 휴식에 들고
시 한수에 인생사 들고 나는

비워놓고 기다리는 마음자리
비슬산 깊은 속을

채웠다 비우고
쓰다가 지우기를

순환의 세월 강에 기다림의 빈 석조
사연도 깊어라

# 조선왕조 그들은

조선 오백 년의 왕들
신하들 계집 종들

왜적의 지배하에
무엇으로 살았을까

혹법도 피해버린
피폐된 눈으로
무엇을 보았을까

오백 년 피비린내
아직도 진동하네

## 꽃비의 시집

비가 내려오네요
봄을 불러 속삭이며
함께 오네요

꽃들의 이름 부르며
씨를 뿌리며
이틀 내내 시를 쓰다 가네요

연두 빛 시집이 출간되면
이 봄 다 감상할 수 있을까
시인아, 부끄러운 시인아

## 깊은 산 시촌 미니 연못


연두 빛 호수에
고이 드는 하늘

목마른 시들이
서성이는 연못가

별도 달도 낙서인 양
그림자 없이 찾아온
정오의 햇살

천지 거울 속 시인
한 점 티끌이어라

# 통일을 생각하며

등 돌린 휴전선 철조망
만물은 자유로이 넘나들고

만물의 영장인 사람만이
발목이 묶였어라

밀어가 되어버린 70년 세월
길 잃은 길 위에 스러진 상념들
돌아갈 길 어지러이
길을 묻노라니

동서양 젖줄 물고
속셈만 깊어가네

# 흥망성쇠 興亡盛衰

신은 선택을 요구했을까

기로에 선 세종대왕

오백 년 역사 유산 훈민정음

천만번 죽고 죽어

조선은 간 곳 없고

오늘 우리 그 말과 그 글로

조선 흥망성쇠를 노래하네

# 산다는 것은

궁궐의 권력도 잠깐
눈물이요

비상한 계책도 반짝
고통이더라

대지에 뿌리내린 육체도
나들이객인 마음도

신의 실험대
오염의 도구

산다는 것은
깨달음의 숙제를 안고
진리 찾아 떠도는 나그네

기웃거리다 세월에 쫓기어
떨어지는 꽃송이

## 왜곡된 진실

더불어 푸르던 날
정갈한 삶을 피워 올리는 풍란

멸망을 부르는 AI 작품이 아닐까
터치해 본다

애써 퍼 올린 아낌없는 향
인스턴트 향이 아닐까
의심해 본다

진실이 낯선
세상에 와있다

## 하늘 아래 다른 것은 없다

효더냐 충신이더냐
명예더냐 사랑이더냐

뺏고 빼앗기고 속고 속인 세상
하늘 아래 새로운 것 없었네

운명처럼 만나 맺어진
인연의 조각들

다른 듯 같고
같아도 다른 세상

돌고 돌아 남은 것은
사랑이었네

## 미국 베네치아 호텔 밤거리

어둠이 인가를 찾아오면
어스름 밝아오는 온화한 불빛

고요의 멋에 스미고
쏟아지는 별들의 향기에 취하고

우주를 품은 산모인 양
완연한 사랑의 거리

뒤진 듯 부족한 듯
앞서가는 정신문화

물질의 겸손 미 인가
자본의 성숙 미 인가

깊어가는 거리 고요의 멋
흉내 낼 수 없는
자연의 가치를 본다

## 얼마나 썩었길래   - 역사는 말한다

얼마나 썩었길래
국적 잃은 것은 원통하고 분하지만
조선이 무너진 것은 슬퍼하지 않았을까

얼마나 썩었으면

유교의 사제들
종교 철학 체제를 위해
전 세계로 흩어져 갔을까

버섯 같은 움막집에
뼈가 으스러지도록 일해서
세금으로 다 바치고 굶주린 백성들
게으름뱅이로 변했을까

해방을 맞이하여
사제들 돌아왔지만
너무나 다른 이념들
얼마나 강렬했으면 두 동강이 났을까

같은 글로 같은 말 하면서
서로 다른 길 가는 우리는
어디서 와서 어디로 가는 것일까

# 마음 밭에

비워 두었던 마음 밭 한켠
잡초의 왕국이 되었다

시간의 자양분 먹잇감 삼아
뿌리내린 자존심

삭막한 마음 터
방심한 죄를 묻는다

뿌린 대로 거둔다는
진리마저 거부하고 싶은 오늘

잡초의 나라
초인이 되어 돌아가리라

# 산책길

어제의 추억은 기억조차 지우고
하늘 향해 치솟은 시멘트 기둥

목소리 넘나들던 높은 담장 대신
더 높고 단단한 벽

작은 창문 너머
사람들의 생각은 어디쯤에 있을까

옹기종기 골목길 여기가 거기던가
차가운 도시 거울 같은 산책길에서

저 웅장함 속 세련미가
웃자란 영양 불균형이 아니기를…

5부

**이제야
보이는
것들**

# 5·18 친구여

그날 그 자리 생사의 갈림 길에서
자네는 죽어 흙이 되고
나는 살아 손자의 재롱을 보는 구려

피로 물든 5·18
죽어서야 정의를 찾고
가루가 되어서야 자유로운 영혼들

그날의 청춘을 말해주듯
오월의 장미는
싱그럽게 웃고 있네

지는 꽃은 다시 피건만
꺾이어진 장미여

두 잔의 커피를 시켜놓고
혼자서 마시는 이 시간

침묵의 빛으로 마주 앉은 자네 모습
몹시도 보고 싶네

# 가을과 인생

꽃보다 고운 낙엽
한 아름 안고 보니
후회 없는 삶이더라

만추의 형형색색
아름답다 했더니
인생의 숙성미더라

마알간 깊은 향이
가을인가 했더니
희노애락 가득 담긴 인생이더라

## 고산 윤선도와 보길도

자연의 수제자 고산 윤선도
신은 그의 귀향을 위해
바다에 산을 띄우고

태아처럼 품어
조건 없이 길러 주었네

한 마리 학
더 높이 더 멀리 나는
윤선도의 날개 보길도

낙락장송 소나무
절제의 대나무
망울진 동백꽃 동반자 13세 소녀

51세 선비 국태민안 비는 마음
보길도 귀양살이에
한 생이 저물어 가네

## 고산 윤선도의 새 연지

마음 심자 연못 짓고
마음 닦은 젊은 선비

배운 대로 행했건만
유배에 은둔생활

천지의 교지 눌러 담고
머무는 곳마다 페이지 무겁구나

큰 스승 섬기려 닳도록 닦은 마음
천지는 통했건만

피폐된 임금 마음 헤아릴 수 없어
기다림 접고 떠났다네

역사 앞에 임금과 선비
사필귀정 윤회로다

# 몽돌 위를 거닐며

사각사각 따라오는 소리

몸 낮추어 둥글어지는 소리

차르르 차르르 악기 소리

음표 위를 걸어가는 시간의 발자국 소리

또르르 또르르 웃음소리

흔적마저 지우며 가는

마알간 소리

# 예식장에서

아들아
네가 태어난 그날도
오늘처럼 기뻤단다

세상에서 가장 아름다운 이름
신랑 신부야
잘 자라줘서 고맙다

아들딸 마음껏 낳고
세상 주인공으로 살아다오

목젖이 훤히 보이도록
깔깔깔 웃고 싶을 때도 있고

여름 날 소낙비처럼
속 시원히 울고 싶을 때도 있단다

그러나 기쁘고 힘든 일들이
다 살아가는 맛이란다

둘이서 가는 길이 서툴고 힘들어도
서로의 든든한 조언자가 되어

지상에서 우주까지
세월의 이랑마다 사랑을 심고 거두리라

모든 신의 이름으로 기도하노니
영원히 영원히 행복하게 살아다오

# 항구 없는 인생 항로

세월의 바다에
한 척의 배

하늘을 지붕 삼아
노 저어 간다

항구 없는 항로에
닻을 올리고

시간을 갈아타며
미래로 간다

풍랑을 인연 삼아
암초와 타협하며

항구 없는 인생 항로에
닻을 올린다

## 버려진 화분 속에서

화분 속 시간을 만난다

꿈틀꿈틀 내일을 본다

소곤소곤 희망이 온다

비밀스레 열리는 우주

갓 눈을 뜬 생명

살포시 다가서며

말을 건넨다

태양의 자식이었어?

# 백두산 천지를 오르며

가까이 우리 땅 백두산 천지
돌고 돌아 중국 땅 밟으며 간다

길한 역사만 기억하는 듯
날씨마저 행운인 날

두 줄기 물소리
합창의 의미를 새기며 오른다

흐르는 물 옥수수 달걀 삶아 파는
청년의 눈빛을 읽으며 오른다

가로질러 두 줄기 물
뜨겁게 차갑게 흘러 흘러 만나는 곳

낮추고 낮아져서 만나는
온도 차 없는 그곳

백두산 천지 돌아돌아 흐르는 두 줄기 물
아! 통일 통일의 노래를 부르며 흐른다

# 살아가는 놀이터

한 세상 놀이터가
변화무쌍하다

계절 없이 찾아온
AI 열매를 먹어야 한다

이 풍진세상
놀다 가기가 죽기보다 힘들었을까

오늘도 사망 소식
그 빈자리가 무겁다

지진 전쟁 가뭄 홍수 인재 자연재해
세상사 돌고 돌아오는 길목에서

눈을 뜨면
만세를 부르자

# 꿈속에 어머니

어머니 오셨습니다
애타게 기다리던 어머니 오셨습니다

행복이 꿀처럼 뚝뚝 떨어지는 모습
생존에 가장 예쁜 모습으로

꿈인 듯 생시인 듯
"엄마 이제 안 가셔도 되지요"

대답도 없이
화장실 가신다더니

날아가셨나
흔적조차 없습니다

엄마 엄마 소리치며 찾는 목소리가
꿈이라 말해 줍니다

불효자식 잠 깨일라
꿈속으로 오셨다가

화장실 핑계 삼아
가셨나 봅니다

# 한 줌 흙이 되어

물과 햇빛으로 소식하고
정화시켜 내 보내는 공기
나무는 어떤 사명감에서 일까

맑은 물로 왔다가
오염된 지구로 돌아가야 하는
잡식동물

한 줌 흙 수목장이 된다
나무뿌리 밑으로 숨어든다

으스대던 만물의 영장
최후의 모습을 본다

# 인구감소

일은 힘들어 공짜는 좋아
실컷 먹고 놀다가라고
AI를 보냈다

더 힘든 이유가 무엇일까

사람이 기계를 낳고
기계는 기계를 낳고

지식의 바다는 넘치니
사필귀정 인구 감소

다음엔 무엇을 보내올까!

배부른 돼지에서 벗어나
배고픈 철학자의 노래를 부를 수 있을까?

# 장마

얼마를 울다가 갈까
온 세상 눈물 다 거두어들이던 하늘
이제는 그도 울고 싶은가 보다

군홧발에 밟힌 일제 36년
백성들의 피땀으로 흐르고

누구를 위한 6.25였을까
동족상잔의 피눈물로 흐르고

병든 지구 하소연으로 흘러
지구는 눈물의 파도가 친다

여기엔 그렇게도 그립던 아들
하늘 가서 만나는 어머니
감격의 눈물까지 함께 했으리

장마는 또 이렇게
받은 만큼 돌려주고
해맑은 모습으로 후련히 가겠지

# 이제야 보이는 것들

시야가 흐리도록 눈부시던 날들
목적지도 모르고
마음의 광야를 건너 왔네

그때는 맞고 지금은 틀린
모두 맞고 다 틀린 그것들
이제야 보이는 뒷모습

머무르고 싶었던 그 시간 속으로
다시 가라 하면 못 가네
아니 다시 갈 수만 있다면
다시 돌아갈 수만 있다면...

작품해설
# 원숙한 시인의 세상 바라보기

**변종환**

- 1967년 출판사 기획시집 『水平線 너머』(親學社) 상재,
  1971년 무크지 『白地』 등 작품 활동
- 現, 부산진구문화예술인협의회 회장,
  한국현대문학작가연대 부이사장, 한국현대시인협회 이사,
  부산광역시문인협회 제16대 회장, 부산시인협회 제10대 회장,
  한국문인협회 이사, 국제PEN한국본부 이사, 부산예총 감사 등 역임
- 시집 『우리 어촌계장 박씨』(2002. 다층)
  『풀잎의 잠』(2010. 두손컴) 『풀잎의 고요』 등 8권
- 산문집 『餘滴』 『釜山詩文學史』 등 4권

# 원숙한 시인의 세상 바라보기
## - 김수민 시집 『이제야 보이는 것들』을 읽고

**변종환**(시인·부산광역시문인협회 제16대 회장)

 시란 무엇인가? 여기 대해서는 역사 이래로 수많은 답이 마련돼 있다. 그 답안을 읽는 일은 어찌 보면 시문학사 전체를 섭렵하는 과정이라 할 수 있다. 시인된 자는 거의 누구나 이 질문에 매력을 갖고, 자문자답해 보기 때문이다.
 하늘의 성좌도를 바라보듯, 그 답안들은 시인 각자의 개성만큼이나 휘황하게 빛난다. 그렇구나 하고 무릎을 칠 만한 답안도 있고, 그 답안을 화두 삼아 하염없이 빠져들 만큼 황홀한 경우도 있다. 그러나 이제까지는 그 수많은 답안 중에서도 T.S.엘리엇이 말한 '시에 대한 정의에는 정답이 없다는 정의'가 가장 고전적인 모범 답안으로 꼽힌다.
 시인들은 누구나 시란 그 무엇이 아닐까 궁리하고, 거기서 얻은 깨우침을 한편의 시로 써나간다. 다시 말해 시인들은 평생에 걸쳐 그들이 찾아 헤매고, 꿈꾸며 느끼고 깨우치는 시를 써나간다. 작품 한편 한편이 그 순간순간에 시인이 찾아낸, 시에 대한 최선의 정의라 할 수 있다. 사정이 이러하니 시에 대한 누군가의 특별한 정의에 시인 모두가 동의한다는 것은 결코 이루어질 수 없는 희망이 아니겠는가. 이 때문에 엘리엇의 정의는 시를 쓰고자 하는 시인들, 시란 무엇인가 궁금증을 참지 못하는 사람들에게 주어진 최상의 화두로 남아 있다.

 '시에 대한 정의에는 정답이 없다는 정의'로 요약된 이 모범 답안은 대체로 시인들을 만족시키고 있지만 일반 독자로서는 아쉽기 그지없는 답안이다. 다시 말해 시에 대한 전문적인 정의이기에 다만 시가 무엇인지 궁금한 일반 독자의 궁금증까지 채워주지는 못한다. 시의 정의에 관한 독자용의 해답이 따로 있는 것은 아니지만 시가 무엇이고, 시를 읽으면 무엇을 배우거나 즐기는지, 무엇을 얻거나 깨우치는지 알고 싶어 하는 단순한 독자들의 궁금증은 여전히 문제로 남아 있게 마련이다.

 이 문제를 단번에 해소시킬 수 있는 방법이 있을까. 논리상으로는 거의 불가능하지만 어쩌면 시인들이 자신의 시에 대해 솔직하게 정의를 내린 몇몇 작품들 중에 그 해답이 있을 수는 있다. 실제로 나는 처음 시를 공부할 때 시의 정의에 대한 내 목마름을 해갈시켜준 작품을 만났었다. 뿐만 아니라 40여 년 시를 쓰고 읽으면서 아, 시란 이런 것이구나 하고 섬광처럼 지나쳐가는 시의 비의에 황홀해 한 적이 적지 않았다.

 '생각지도 못했던/ 먼 먼 아지랑이 너머/ 상상의 세계에서/ 날아와 가슴 속에 내려앉고/ 이내 하얀 뿌리를 내려/ 가슴의 진액을 빨아들이며/ 잎과 꽃을 피우고/ 나를 허무로 앓게 하고/ 몸져눕게 하는/ 저것' (문효치, 「시」 부분)

 문효치의 「시」는 어느 날 갑자기 시인의 가슴에 날아드는 것이다. 시인이 생각지도 못했던 미지의 생명체는 상상의 세계에서 날아와 시인의 가슴에 뿌리를 내리고, 시인의 진액을 다 빨아들여 마침내 시인을 몸져눕게 한다. 시에 시달려본 시인이면 누구나 공감할 만한 작품이다.

 시인의 손에 닿을 듯 닿을 듯 감질만 내는 작품, 시인이 좇아가면 도망쳐버리고, 시인이 포기하면 다시 달려들기에 시는 많은 시인들에게 '시마(詩魔)'라 불리기도 한다. 시를 쓰고 싶은 열망에 비례해 써나갈수록 깊어지는 상실감과 자괴감에 몸을 망친 시인이 얼마나 많은가. 한 일 년 시를 잊어버리면 몸이 날아갈 듯 가뿐해지고 머리가 시원해지지만, 시를 완전히 잊었는가 싶으면 어느새 다시 찾아와 시름시름 앓게 하는, 마치 무당병 처럼 평생 떨쳐버리지 못하는 것이 시인의 천형(天刑)이 아니겠는가. 그러나 시가 이렇듯 시인을 괴롭히기만 한다면 어느 누가 시를 쓰겠는가.

 시는 어느 날 만년필을 고르면서 무심히 써보는 그대의 이름, 새 만년필로 써보는 나의 이름이기도 하다. 우연히 샘솟아 오르는 그리움이자 새롭게 설레는 마음이자 누구에게 보여주기보다는 가슴 속 지갑에 잘 갈무리해두는 사랑이기에 시인들은 지금 이 순간에도 또 한편의 시를 쓰고 있을 것이다. 이 때문에 시인들은 잠에서 깨어나면 문득 육신과 자연의 어둠이 걷혀가는 신 새벽을, 그 처음의 순간을 기록하고 싶어 한다.

 꽃이 제 몸을 열어 보이는 그 순간을, 새들이 비상의 몸짓을 보여주는 그 처음의 날갯짓을, 시인은 기록하고 싶어 한다. 그러나 마음의 한쪽에는 사람의 세상에서 상처받고 묶이고 갇힌 사람들이 살아 있기에 시인은 시인이 살고 있는 이 세상을 온몸으로 껴안지 않을 수가 없다. 그렇지만 세상은 때로 그러한 시인을 사람이 사는 세상에서 내칠 때도 많다. 사람들은 서로 소통하기를 원하지만, 마음과 달리 소통의 손길이 불화의 발길질로 바뀌기도 한다. 사람은 누구나 홀로이다. 그래서 어떤 시인은 사람을 섬으로 보고, 사람과 사람 사이를 바다로 본다. 지하철 정거장의 군중 속에서 홀연히 나타난 얼굴들을 보면서 '검은 가지위의 꽃잎'으로 느끼기도 한다.

  사람이 사람과 따뜻하게 만나는 데에도 기술이 필요하다. 한 몸 한 마음이 되지 않으면 사람은 물론 자연이며 자연의 어느 생명체조차 가슴에 받아들이지 못한다. 시라 해서 다를 바가 없다. 시란 바로 사람들의 삶이며 사랑이며 추억이며 죽음이며 운명, 헤어짐과 만남, 그리움과 외로움 그 자체이기 때문이다. 시란 바로 그러한 사람들의 기록을 미학적 장치로 바꾸어 줌으로써 독자 또한 시인과 함께 시의 그 비밀한 뜻과 향기를 가슴 가득히 채울 수 있는 것이다.

  김수민 시인은 전라남도 해남에서 출생하여 부산에서 성장하였다. 2005년 월간《한국시》시 부문 신인상 당선으로 문단활동을 시작했다. 동아대학교 대학원 문예창작학과를 수료하고 창작활동에 매진하였는데 시집 『조금씩 낮추다』(2010년), 『어머니의 바다』(2022년)을 상재하고 이번에 세 번째 시집 『이제야 보이는 것들』을 상재한다.

  이 시집의 표제시인 「이제야 보이는 것들」을 살펴보도록 하자.

>  시야가 흐리도록 눈부시던 날들
>  목적지도 모르고
>  마음의 광야를 건너 왔네

> 그때는 맞고 지금은 틀린
> 모두 맞고 다 틀린 그것들
> 이제야 보이는 뒷모습
>
> 머무르고 싶었던 그 시간 속으로
> 다시 가라 하면 못 가네
> 아니 다시 갈 수만 있다면
> 다시 돌아갈 수만 있다면...
>                                            -「이제야 보이는 것들」 전문

  시인은 이 시집의 표제시인 이 시를 쓰며 비로소 낮지만 깊은 사랑이 우리 주변에 우리와 유기적 전일체를 이루며 존재하고 있다는 것을 깨닫고 있는 것이다.

  얼마 전에 『헌책이 내게 말을 걸어왔다』는 흥미로운 독서 에세이집을 읽었다. 서울 응암동에서 '이상한 나라의 헌책방'을 운영하는 윤성근 씨가 헌 책 속에서 옛 주인들의 메모를 찾아내 한 데 모은 책이다. 참신한 발상에 한 번 놀라고, 그 메모들이 주는 따스함에 두 번 놀랐다. 저자가 모은 메모는 대부분 1980~90년대, 아날로그가 가치 있던 마지막 시대라고 할 만한 때의 책에 남겨진 것들이다. 당시 사람들은 무언가를 기념하거나 기록해 두기 위해 책에 글씨를 남겼다. 사랑을 고백하고, 이별을 고하고, 고민을 털어놨다. 책을 넘겨보면 청춘의 고민은 시대와 상관없이 비슷하다는 사실을 새삼 느끼게 된다. 요즈음의 청춘이 외롭고 아파하면서도 사랑하며 격랑의 터널을 통과하고 있듯이, 당시의 청년들 역시 그랬다. 1986년판 『헤겔, 그의 시대와 사상』에 남겨진 "나는 결코 외롭지 않아. 나의 고독과 함께 있기에"라는 손 글씨 메

모가 그것을 증명해 준다. "그대 떼어내지 못한 슬픔/ 그대로 한 덩이 되어/ 아직도 내 가슴 한켠에 살고 있는/ 그대 축하합니다"라는 이 시 구절이 따사롭게 다가온다.

  시를 창작하는 주체의 내면에는 지금보다 더 좋은 상태와 더 행복한 삶을 꿈꾸는 욕망이 내재하고 있으며 그 욕망은 다양한 형태로 작품에 드러난다. 뿐만 아니라 창작에 몰입하는 순간 창작 주체는 이미 현실적 근심과 번뇌로부터 벗어나게 된다. 시는 행복한 꿈꾸기를 추구하는 인간의 마음을 보여주는 것이다.

  새로운 시 창작은 기존의 시문학을 뛰어넘으려는 초월적 특성을 지닌다. 그렇기 때문에 시 창작은 늘 변화해 나간다. 작품의 내용이나 표현방식이 변화하는 것도 그런 방향성과 무관하지 않다. 시는 일상에 바탕을 두고 있어도 그 일상을 넘어서려는 초월적인 방향성을 지닌다. 우리가 시를 짓고 읽고 즐기는 이유도 마찬가지다. 그래서 이 시집의 제호 역시 표제 시와 같은 『이제야 보이는 것들』이리라.

      편지를 씁니다
      잘 못했다고 쓰고
      보고 싶다고 씁니다

      이미 용서해 주신 어머님께
      용서보다 더 큰 것을 달라고
      칭얼대며 씁니다

      때도 시도 없이 쓰고
      장소 불문하고 보낸 편지

수취 거절로 돌아와
가슴속에 쌓인 편지

가슴이 이렇게 깊고 넓은 줄
이제야 알았습니다
아무리 뉘우쳐도
과거는 사필귀정만 있고
용서는 모르나 봅니다

어머니 가을이 춥습니다
그곳 어머님 나라가 궁금합니다
-「어머님 전상서」 전문

  동네 우체국 앞에 단정하게 서 있는 우체통을 바라보며 걷다 보면, '에메랄드빛 하늘이 환히 내다뵈는 우체국 창문 앞에 와서 너에게 편지를 쓴다'는 청마 유치환 시인의 고즈넉한 연민처럼 다산 정약용의 글 한 구절도 덩달아 떠오른다.

 '객 창 한등 잠 못 이뤄 외로이 앉았더니/ 첫닭이 홰를 치며 새벽 소식 알릴 무렵/ 집에서 보낸 편지 내 손으로 뜯어보네/ 이 어찌 상쾌하지 않을쏘냐.'

  타향에서 귀양살이 중에 받아보는 편지에 대한 다산의 마음이 어쩌면 명절날 자식을 기다리는 고향집 부모의 마음이나 군대 간 아들의 첫 편지를 받아보며 목이 메는 어머니의 애틋한 가슴앓이와 한 치도 다르지 않을 것만 같다. 누군가에게 안부를 전하는 방법이야 여러 가지가 있겠지만 음성과

영상으로 듣고 볼 수 있는 스마트폰이라는 디지털보다는 그래도 가끔은 단 한 문장, 한 줄일망정 육필로 안부를 전하면 어떨까 싶다.

  쓰는 이의 체취와 마음까지 느낄 수 있어 언제고 보고 싶을 때마다 꺼내서 다시 읽을 수 있다는 장점 때문에 전화보다도 어느 면에서는 편지라는 아날로그가 더 친근하면서 소중할 수 있다는 생각이다. 그래서 편지를 한자로 '편할 편(便)'과 '조각 편(片)'을 써서 '편지(便紙)'와 '편지(片紙)'라고 함께 쓰는 것은, 생각날 때면 아무 때나 작은 종잇조각에라도 부담 없이 편안하게 마음을 담으라는 의미일는지도 모른다.

  '사랑했으므로 행복했다'는 청마 유치환은 불혹의 나이에도 한 여인에게 20여 년간 2,000여 통의 연애편지를 보내다 보니 통영우체국 1위 고객으로도 유명했다는 일화에 미소를 짓는다. 그가 죽고 난 1년 뒤에 『사랑했으므로 행복하였네라』라는 책도 남겼다. 이룰 수 없었던 사랑이었지만 청마가 그토록 사랑했다는 연서(戀書)의 주인공 이영도 시인의 모습이 에메랄드빛 통영 앞바다에 단풍잎처럼 곱게 투영된다. '여자는 편지의 추신 외에는 본심을 쓰지 않는다'는 R. 스틸의 말이 있긴 하지만.

"오늘도 그날처럼 바라보는/ 냉기서린 겨울하늘/ 그대가 있고 내가 있어/ 우리는 항시 하나이련가" 시 구절에서 그리움이 절로 묻어나는 애틋한 정에 하늘은 더욱 푸르다.

    시를 쓴다
    고뇌의 씨앗을 뿌린다

    무질서한 고혹들이

미완성의 마성에 이끌려 나간다

　　　그 이름 창작
　　　영원한 나그네길

　　　오, 어둠 속의 무지개
　　　아름다운 고독이여
　　　　　　　　　　－「창작, 영원한 나그네길」 전문

　자작나무는 줄기의 껍질이 하얗게 벗겨지고 얇으며 기름기가 많아 썩지 않고 오래 보존된다고 한다. 경주 천마총의 '천마도'도 자작나무(白樺) 껍질에 그렸다고 한다. 자작나무 목재는 단단하고 치밀해서 조각재로 많이 쓰이고 합천 해인사 팔만대장경의 일부도 자작나무로 만들어졌다고 한다. 껍질이 하얗게 벗겨진 자작나무가 추위에 떨면서도 오히려 불어오는 바람을 껴안는 것은 시인의 포용적인 심상을 말해준다. '시를 쓴다/ 고뇌의 씨앗을 뿌린다'
　시인이 생각하는 시는 '깊은 밤'에 내려 '저 혼자 고요하고 맑고' '저 혼자 아름다운 존재'이다. 시는 무엇을 얻고, 버리고, 세울 때 쓰이는 유용성을 가짐으로써 존재의 가치를 발현하는 것이 아니라, 그 존재 자체만으로 가치 있는 것이다. 그러므로 시는 고통스러운 현실에서도 홀로 고요하고, 맑고, 아름다운 세계 속에 존재함으로써 그 빛을 발한다. 이때 시가 갖은 고통은 도취의 순간 안에서 승화되는 것이다. 달빛 아래 교교하게 빛나는 자작나무의 모양과 같이.

　　　십오일 뜬눈으로 지새우는 달

삶의 충전소
부모님의 등불

깜박깜박 졸면서 속삭이는 별
자장자장 잠재우신 어머님 모습

한없는 뉘우침에 바라보는 밤하늘
무한한 충전소 부모님 나라에서

마음의 안식
가득 받아 옵니다
-「보름달」전문

  달은 우리의 가장 깊은 개인적인 욕구, 우리의 기본적인 습관과 반응, 그리고 우리의 무의식을 나타낸다. 태양이 작용하는 곳에서 달은 반응한다. 달은 어머니 그리고 일반적으로 여성적인 기운과 연관되어 있다.
  상징적인 관점에서 달이 태양을 보호하고 태양의 빛을 반사하는 것처럼, 달은 우리가 어떻게 우리 자신을 보호하고, 편안하고, 안전하다고 느끼는지를 보여준다. 또한 달은 우리에게 생기를 불어넣는다. 이 생기는 우리의 활동과 에너지의 규칙적인 쇠퇴와 흐름을 지배한다. 달은 나의 내면세계와 외부세계의 중재자다. 태양은 이성적이지만 달은 비이성적이다. 습관적인 행동과 편견은 달에 의해 지배된다. 달은 우리의 자발적인 반응과 감정을 지배한다.
  노자는 이렇게 말한다. "옛날부터 하나를 얻어서 된 것들이 있다. 하늘은 하나를 얻어서 맑고, 땅은 하나를 얻어서 안

정되며, 신은 하나를 얻어서 영험하고, 계곡은 하나를 얻어서 채워지며, 만물은 하나를 얻어서 산다. 昔之得一者, 天得一以淸, 地得一以寧, 神得一以靈, 谷得一以盈, 萬物得一以生."(노자, 『도덕경』 제39장)

 그 하나가 무엇인가? 시인은 삶의 길목에서 홀연 그 하나를 얻었다. 시인의 내면에서 눈뜬 것은 명(明)이요, 관(觀)이다. 눈이 열리니, 생명우주의 광대무변한 운용 속에서 작용하는 실로 어마어마한 인연을 홀연 얻게 된 것이다. 그래서 랭보는 시인을 견자(見者)라고 했던 것일까.

> 입에 들어가는 밥도
> 씹어서 삼키도록 만들어져 있단다
>
> 사람 인(人) 일 사(事)
>
> 사람이 할 수 있는 일은 사람에게...
> 사람이 할 수 없는 일은 하늘이...
>
> 어려서 못 알아들을 거라고
> 늘 하시던 말씀
>
> 콩나물시루 물이
> 뼛속에 스며들었나 봅니다
>
> 이제야 그 뜻을 헤아릴 것 같습니다
> 가을인가 봅니다
>      -「아버지의 말씀」 전문

소금은 인생의 모든 맛을 담고 있다. 2013년 발간된 박범신의 소설『소금』(한겨레출판)에는 소금과 인생에 관한 이야기가 나온다. 붙박이 유랑인으로 불리는 쓸쓸한 이름, 아버지. 이 책『소금』에선 이 시대를 살아낸 아버지들의 이야기가 펼쳐진다. 이들도 꿈과 젊음이 있었던 인간이었음을, 현대를 사는 자식들과의 관계를 통해 말한다.

묵묵히 흘러간 시간 속에서 가족을 위해 기꺼이 빨대가 되어 주는 아버지를 위해 우리는 단 한번이라도 그의 고된 등짐을 바라본 적 있을까. 흘러간 아버지의 시간, 그리고 내가 흘려보낸 시간은 다시 돌이킬 수 없음을 생각해본다.

'사람이 할 수 있는 일은 사람에게.../ 사람이 할 수 없는 일은 하늘이...// 어려서 못 알아들을 거라고/ 늘 하시던 말씀// 콩나물 시루물이/ 뼛속에 스며들었나 봅니다// 이제야 그 뜻을 헤아릴 것 같습니다/ 가을인가 봅니다'

    묵언 중인 벚꽃
    명령이라도 내릴 듯
    숨죽여 고요한 거리

    총선 의료대란 정부 국민들
    팽팽한 대립 상처의 정글을 지나
    하얀 사월 향기 속으로 걸어간다

    입김에도 데일 듯
    여린 꽃망울들
    잎을 열지 못한 채 떨고 있다

>     그들의 세상에도
>     무슨 일이 있었을까
>     밤은 차라리 어둠이 아니라네
>
>     곧 닥쳐 올
>     세찬 비바람
>
>         －「2024년, 지각한 벚꽃」 전문

 이 시를 읽으면서 문득 김종삼 시인의 「묵화(墨畵)」를 연상했다. 동병상련의 대견함을 보는 듯해 흐린 마음을 씻어 내리기에 충분했으리라. "서로 발잔등이 부었다고,/ 서로 적막하다고,"(김종삼 「묵화」 부분) 서로 발잔등이 붓고 서로 적막함을 느낄 만큼 고단하고 힘겨운 삶을 살아온 우리의 생(生)을 생각해본다.

 '입김에도 데일 듯/ 여린 꽃망울들/ 잎을 열지 못한 채 떨고 있다// 그들의 세상에도/ 무슨 일이 있었을까/ 밤은 차라리 어둠이 아니라네// 곧 닥쳐 올/ 세찬 비바람'

 시인의 몸과 자연은 자연스럽게 하나가 된다. 그의 시에는 유사성의 원리가 다시 작동하고 있다. 김수민 시인에게 모든 풍경은 몸의 은유이다. 상투적일 수도 있는 이러한 은유가 시인의 시에서는 강한 맥박과 부드러운 호흡으로 역동적으로 다가온다. 여기서 꿈틀대는 생명력까지 느껴진다. 우리는 여기서 유사성의 상상력에 역동적인 힘을 불어넣는 김 시인의 원천이 궁금해지지 않을 수 없을 것이다. 낡고 여린 것에 생명력을 부여하는 힘이야말로 우리가 시인의 시를 논해야 하는 이유이다.

문학관 뜨락에 가을은 깊어
시를 읊던 낙엽들은 잠이 들고

사념에 잠긴 가로 등
붉은 단풍만 진실을 말하고 있다

찬 서리에 국화 향 살찌고
빗돌 위 시들이 근심스레 일어난다

탄핵을 외치는 촛불시위
절망의 목소리

외신 기자들의 카메라까지
시를 일깨운다

시여 일어나라
여명의 빛이 어둠을 밝히 듯

목청껏 시대의 진실을 노래하라
  - 「동리목월문학관」에서

 '동리목월문학관'은 김동리와 박목월을 기리는 경상북도 경주시 소재 문학관이다.
 동리와 목월은 한국문단의 큰 별과 같은 존재로 소설과 시의 두 산맥을 이루어 한국문단을 좌우하던 분으로 모두 경주 출신이다.
 일찍 신라시대 향가의 고장이요, 김시습의 금오신화를 쓰던 그 정기를 이어받아 현대문학의 거목인 동리와 목월선생은 한국문학의 태두로 손꼽히고 있다. '동리목월문학관'은 2006년에 건립하여 오늘에 이르고 있으며, 「동리관」, 「목월관」, 「신라를 빛낸 인물관」으로 나누어 전시하고 있다.

동리선생은 경주를 중심소재로 초기 소설의 「무녀도」, 「화랑의 후예」, 「등신불」, 「까치소리」, 「을화」등의 걸출한 작품을 남겨 노벨문학상 후보에까지 올랐으며, 목월시인은 「산도화」, 「난. 기타」, 「경상도가랑잎」같은 시집에서 뛰어난 시 작품으로 후배문인들에게 문학적 유산을 남겨준 분이다. 이 두 분의 문학적 정신을 기리기 위하여 동리목월문학관을 건립하여 오늘까지 많은 문인들이 찾아와 경배하고 있다.

박목월 생가는 그의 고향인 경주 모량리에 복원하여 본가 및 부속 시설로 시 낭송장 등 복합시설을 갖추고 있다. 앞으로도 계속 두 분 선생님의 문학적 업적을 기리는데 소홀함이 없는 공간으로 만들어 갈 것이다.

"시여 일어나라/ 여명의 빛이 어둠을 밝히 듯// 목청껏 시대의 진실을 노래하라"

    가까이 우리 땅 백두산 천지
    돌고 돌아 중국 땅 밟으며 간다

    길한 역사만 기억하는 듯
    닐씨마서 행운인 날

    두 줄기 물소리
    합창의 의미를 새기며 오른다

흐르는 물 옥수수 달걀 삶아 파는
청년의 눈빛을 읽으며 오른다

가로질러 두 줄기 물
뜨겁게 차갑게 흘러 흘러 만나는 곳

낮추고 낮아져서 만나는
온도 차 없는 그곳

백두산 천지 돌아돌아 흐르는 두 줄기 물
아! 통일 통일의 노래를 부르며 흐른다
- 「백두산 천지를 오르며」

오늘날 천지(天池, 하늘의 호수)라 부르는 칼데라호를 두고 과거에는 여러 가지 표현이 병존하였다. 용비어천가에서는 단순히 '큰 호수'이라는 뜻인 대택(大澤), 대동여지전도에서는 달문(闥門)이라고 했다. 대동여지도에서는 '큰 못'이라는 뜻인 대지(大池)라고 표기했다. 대지나 대택은 보통명사라고 해야지 고유명사라고 하긴 어렵다. 한국의 고지도에는 대택(大澤), 대지(大池), 또는 단순하게 못이라는 뜻인 지(池)라고 표기된 경우가 흔하다. 특히 19세기부터는 '대지'가 가장 흔하다.

달문(闥門)은 만주어로 천지 호수를 부르는 타문(Tamun)을 한자로 음역한 것이다. (다만 오늘날에는 달문이 천지가 아니라 천지 북쪽에 있는, 천지 물이 유일하게 빠져나가는 출수부, 외륜산 사이 협곡 부분을 가리키는 지명으로 쓰인다.) 또한 백두산 근처 산골의 중국인들이 용왕담(龍王潭)이라는 표현을 사용하기도 했다고 한다. 그래서 최남선은 1946년 저술한 『조선상식(朝鮮常識)』에서 천지를 두고 "우리에게는 천지(天池), 달문담(闥門潭), 지나에서는 용왕담(龍王潭)이라고 일컬으니"라고 설명했다.

  백두산 인근에서는 타문 말고도 '하늘 호수'란 뜻으로 숭가리 노올(Sunggari noor), 압카이 노올(Abkai noor)이라는 표현을 사용하기도 했다고 한다. 천지에서 발원하는 송화강을 만주어로 '숭가리 울라'라고 부르므로 서로 지명이 연결된다. 조선 후기 이의철(李宜哲)은 영조 27년(1751) 백두산 여행을 다녀오고 집필한「백두산기(白頭山記)」에서 천지를 두고 "일곱 봉우리가 둘러싼 가운데 큰 호수(大澤)가 있으니 이른바 천지(天池)이다(七峰環立四邊中藏大澤, 卽所謂天池也)."라고 했다. 또한 "이름하여 천상연(天上淵)이라 한다(名爲天上淵)." 하는 설명도 있다.

  천지(天池)란 명칭이 대중화된 것은 1908년 청나라 관리 유건봉(劉建封)이 쓴 『장백산강지략(長白山江志略)』 때문이다. 유건봉은 백두산을 근대적인 방법으로 측량하여 『장백산강지략』에 지도를 실었는데, 여기서 백두산 천지를 두고 장백산천지(長白山天池)라고 이름을 달았다.

"가로질러 두 줄기 물/ 뜨겁게 차갑게 흘러흘러 만나는 곳// 낮추고 낮아져서 만나는/ 온도 차 없는 그 곳// 백두산 천지 돌아돌아 흐르는 두줄기 물/ 아! 통일 통일의 노래를 부르며 흐른다"

  눈 감으면 지금도 천지의 물소리가 들려오는 듯한 착각에 빠져든다. 우리의 염원인 통일을 가슴에 새기며 겨레의 이름으로 '통일의 노래'를 부르리라. 그날이 오면….

어머니 오셨습니다
애타게 기다리던 어머니 오셨습니다

행복이 꿀처럼 뚝뚝 떨어지는 모습
생존에 가장 예쁜 모습으로

꿈인 듯 생시인 듯
"엄마 이제 안 가셔도 되지요"

대답도 없이
화장실 가신다더니

날아가셨나
흔적조차 없습니다

엄마 엄마 소리치며 찾는 목소리가
꿈이라 말해 줍니다

불효자식 잠 깨일라
꿈속으로 오셨다가

화장실 핑계 삼아
가셨나 봅니다
- 「꿈속의 어머니」

 그리움이란 어떤 대상을 좋아하거나 곁에 두고 싶어 하지만 그럴 수 없어서 애타는 마음이나, 과거의 경험이나 추억을 그리는 애틋한 마음을 말한다.

"구름가네 구름가네 강을 건너 구름가네/ 그리움에 날개펴고 산 넘어로 구름가네/구름이야 날개펴고 산 넘어로 가련마는/ 그리움에 목이 메어 나만 홀로 돌이되네." 라고 읊은 박목월 시인의 「그리움」도 있다.

시에서 공백이란 무엇인가? 무엇이 그 공백으로 하여금 긴장을 일으키게 하고 비록 순간적이긴 하지만 절묘한 아름다움을 느끼게 해 주는가? 그것은 왜 느끼기는 쉽지만 딱히 집어 말하기는 힘든가? 언어습관이나 일상생활면으로 보면 꼭 있어야 할 것을 꼭 있을 자리에서 빼 버리고 그 빈자리에 앞서 나온 시행들의 울림을 있게 하는 것이기 때문이다.

"어머니 오셨습니다/ 애타게 기다리던 어머니 오셨습니다// 행복이 꿀처럼 뚝뚝 떨어지는 모습/ 생전에 가장 예쁜 모습으로"

김수민 시인에겐 애타게 기다리던 생전의 어머니께서 생전에 가장 예쁜 모습으로 꿈속으로 찾아오셨다. 살아있는 사람 누구나가 느끼는 효심과 부모님에 대한 그리움은 더 이상 설명이 필요 없을 것 같다. 인용 시에 대해서 우리는 특별한 설명을 필요로 하지 않는다. 읽히는 대로 이해하고 느끼면 된다. 이 시는 매우 소박한 생활인의 감정을 표현한 것이다. 여기서 소박하다는 말은 신솔하다는 말과 통한다. 범속한 대부분의 사람들은 이른 아침 절간을 방문했을 때 비슷한 느낌을 가질 것이다. 그리고 그 감정은 진솔함 그 자체로 소중하다. 빗자루 자국이 선명한 마당을 걷기가 민망하게 느껴지는 그 겸손한 마음이 효심을 지닌 우리 민초들의 참마음이다.

그 마음의 밑바탕에는 양심과 정직과, 정의가 자리한다. 거짓과 위선과 교활, 권모술수 같은 것과는 거리가 멀다. 이 시의 가치는 이런 방향에서 탐색되어야 할 것이다.
  창조적 시론은 따로 없다. 오디나 툇마루를 모르는 이들에게 그 뜻만이 아니라, 크기와 생김새, 냄새와 빛깔을 알려주어, 이러한 시적 언어들의 함의(含意)를 이해 시켜야 한다. 이것은 아주 사소한 일인 것 같지만 사실은 좋은 시를 알아볼 수 있는 안목을 길러주는 지름길이 된다.

"불효자식 잠 깨일라/ 꿈속으로 오셨다가// 화장실 핑계 삼아/ 가셨나 봅니다"

  앞에서 살펴본 바와 같이 김수민 시인의 세 번째 시집 『이제야 보이는 것들』은 부산문단의 중견시인으로서, 한편으로는 연륜이 무르익어가는 여류시인으로서 새로운 역할을 바라보게 된 것 같다.
  결론적으로, 가장 작은 것의 위대한 힘, 시인은 그 힘의 실체가 시에 있어 얼마나 중요한 역할을 하고 있는지를 충분히 간파하고 있는 것이다. 시인의 상상력은 그 너머를 읽고 있다. 여기에 김수민 시인의 시 쓰기의 독특한 면이 있다. 요컨대 시집 『이제야 보이는 것들』은 시인의 직관력이 사실적이고 경제적인 극도로 절제된 언어의 긴장을 통해 격조 높은 서정의 한 차원을 보여주고 있다는 점에서 의미를 찾을 수 있으리라 본다. '자기 목소리'를 위해 헌신하며 정진해 주시기를 당부 드린다.

# 이제야 보이는 것들
## 김수민 시집

**인쇄** 2024년 12월 10일
**발행** 2024년 12월 17일

**지은이** 김수민
**펴낸이** 최장락
**펴낸곳** 도서출판 두손컴
부산광역시 부산진구 부전로 35, 301호(부전동, 삼성빌딩)
T. 051-805-8002  F. 051-805-8045  E. doosoncomm@daum.net
출판등록 제329-1997-13호

ⓒ 김수민, 2024
값 15,000원

ISBN 979-11-91263-91-6   03810

* 저자와 협의에 의해 인지를 생략합니다.
* 잘못 만들어진 책은 바꾸어 드립니다.

2024년 부산진구 문화예술 창작집 발간 보상금을 일부 지원받아 제작 되었습니다.